仲間たちのシンフォニー

新田保育園写真集

夢の砦　Part2

1949

2000

ひとなる書房

子どもの季節《とき》　1

子どもの季節　1

子どもの季節　1

子どもの季節　1

子どもの季節　1

子どもの季節　1

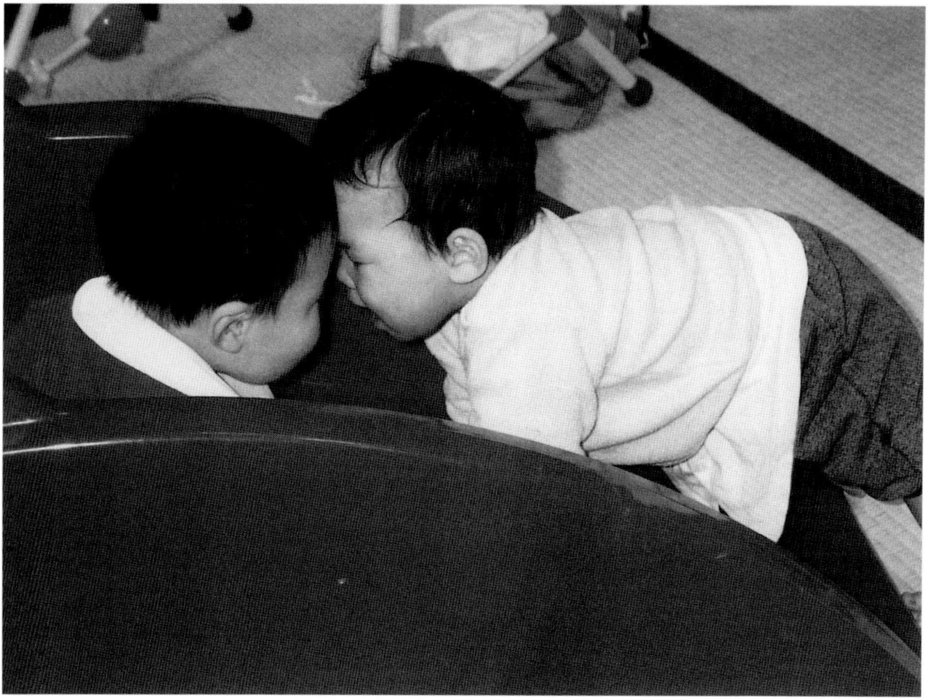

子どもの季節　1

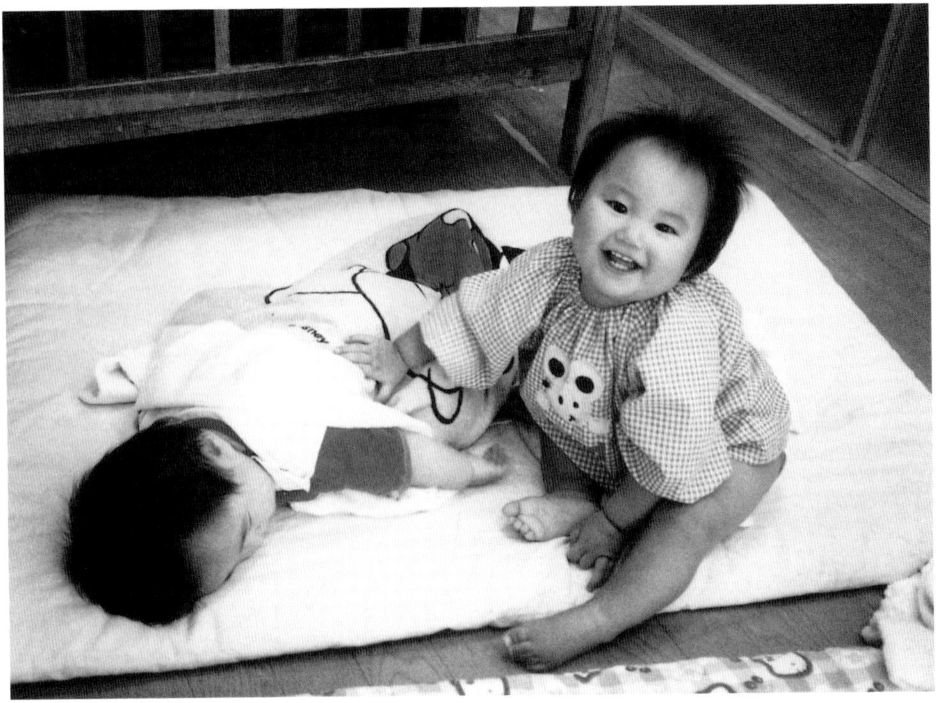

子どもの季節　1

子どもの季節　1

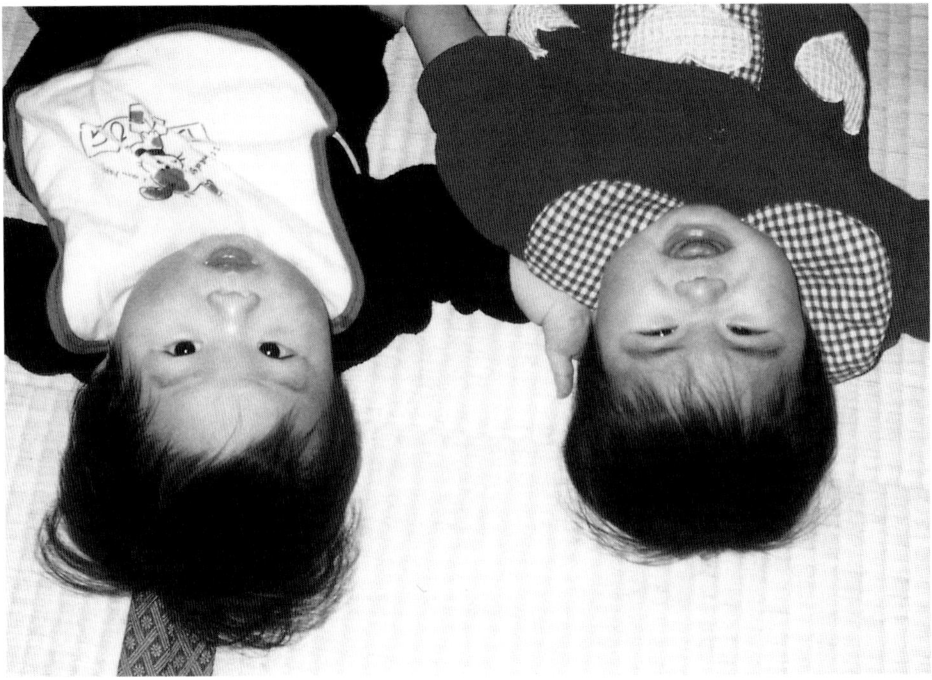

子どもの季節　1

はじめに

一九四九年十一月三日、新田保育園は産声を上げた。現在の美しく生れ変わった、山根公園の自転車置場の辺りから、国領川寄りに旧園舎があり、鉱山労働者の子どもたちがひしめき合っていた。

十軒一組の労働者の長屋が並び、その川口新田の自治会立の創設であった。途中、公立移管の話しもあったが、諸事情により民営がつづけられてきた。

母親が病気で命を天に召され、父親は二歳の幼な児を連れて途方に暮れた。それを支えたのは、保育園であった。日曜出勤の時には、当時若かりし園長等、自宅でその子を預り、父親の労働を支えてきた。「先生、保育園のお陰で親子心中せずにすんだ」と卒園の時ボソッと語られた声は、今も耳に残っている。また逆に、父親が鉱内の爆破で命を取られ、〇歳の子どもは、数日後園児となってやって来た。当時、全国的にも〇歳児保育は、めずらしい時代であった。その子は今、大阪で母親となっている。そんな始まりがあって五十年の歴史がきざまれ、現在に引き継がれている。食べ物のない時代、私は母親にねだって二つの弁当箱を持ちこんだ。一つは、弁当を持ちこめない園児の命をつないだ。何故そんなにしてまで……？一体それは何だったのか？未だにさぐりつづけている。

何故？何故？そんな思いが一九七三年九月障害児保育へとつ

1949年

ながった。現在は少子化等といわれているが、七三年頃は、まわりに子どもが一杯いた時代であった。「手のかかる子はいや」等とのささやきも聞かれていたのも事実である。「どんな子どもも権利を持っている。どの子も平等である」等と理想をかかげて早や二十七年の歴史を紡ぐこととなった。

さぐり、つまづき、また心をふるい立たせて保育者たちは心を寄せ合ってきた。泣いたり笑ったり、本音を出し合って、幼な児たちを守り導き、保育という綾糸を織りなしつづけてきた。五十年という歳月の間に障害を持つ子たちは百余名門をくぐり、幾人もが成人に達している。幼な児達は卒園の台帳に二千四百十四名が記されている。彼ら、彼女らはいつの時代も園内に元気な声をひびかせ、保育しているつもりの我々を感動に誘った。

また代々の親たちのパワーには、新田保育園の物心両面を支えつづけてもらい、ありがたいことである。なかでも八三年の立ち退きから移転・新園舎建設にいたる運動は、親たち抜きにはありえなかった。

あるお祖父さん、卒園しても、元気なればいついつまでもと、毎年秋になると見事な柿の実がどっさりと持ちこまれ、干し柿づくりが子どもの手でなされることはもう、冬の風物詩となっている。水道の水がもれる、園児の机の足がガタガタになったといっては、電話一本で飛んで来てくださる祖父ちゃん、そんな方々が何人もいる。今、改めて一人一人への感謝の思いがあふれてくる。

「新田の子どもは、優しい」何故？　どこが？　とさぐりつ

づけている。障害を持つ子どもに対して、大きい子は小さい子に対して、自分の思いを押しつけるのではなく、「相手の身になって行為を示す」そのことが写真の中からも感じられる。写真には、言葉は写し出されていないけれど「何をしてほしいのか」聞いたり、相手を思いやって次の行動へと移る新田の子の姿があちこちに、散りばめられている。

　自分の身体の隅々まで自分の頭脳から命令を発し、手指を駆使し、自らが生きるために食べる姿、物を作りだす力、身体をコントロールして動ききる姿、畑でプチトマトを収穫して喜びあふれる姿、料理する様子、劇を創り出してみんなでやりきる姿……その他いっぱいいっぱい。これまで何人ものカメラマンが「新田の子は絵になる」と撮り続けてくださった思いの数々が、この五十年を記念して集められた。園長は一度も手を下さないで、こんなに収録されたことに申し訳ない気持ちすら働いている。

　保育を紡ぐ保育者たちや、未来に生きる子どもたちと、とりまく大人たちに感謝しつつこの本を世に送り出したい。

85 12 25

85 12 25

87 1 13

新田保育園新築工事

別鉱開発工事
一級建築士事務所
住友建設株四国支店
モーターボート競走公益資金に
新田保育園新築工事

生命よせあって

旧園舎時代　　1949～1985

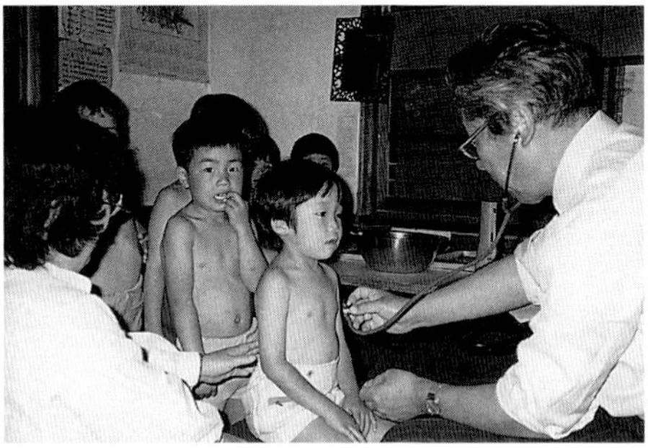

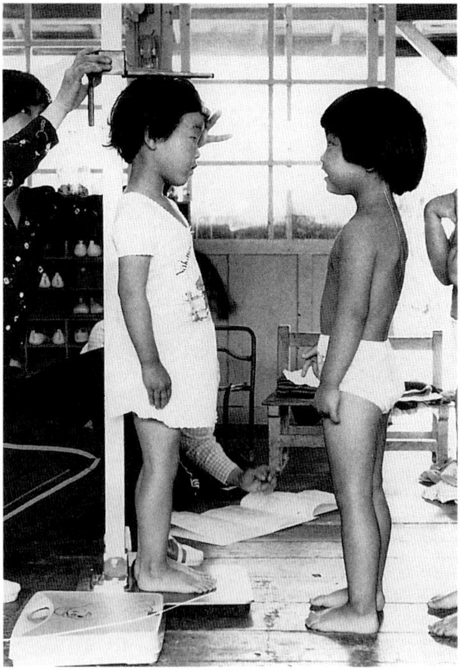

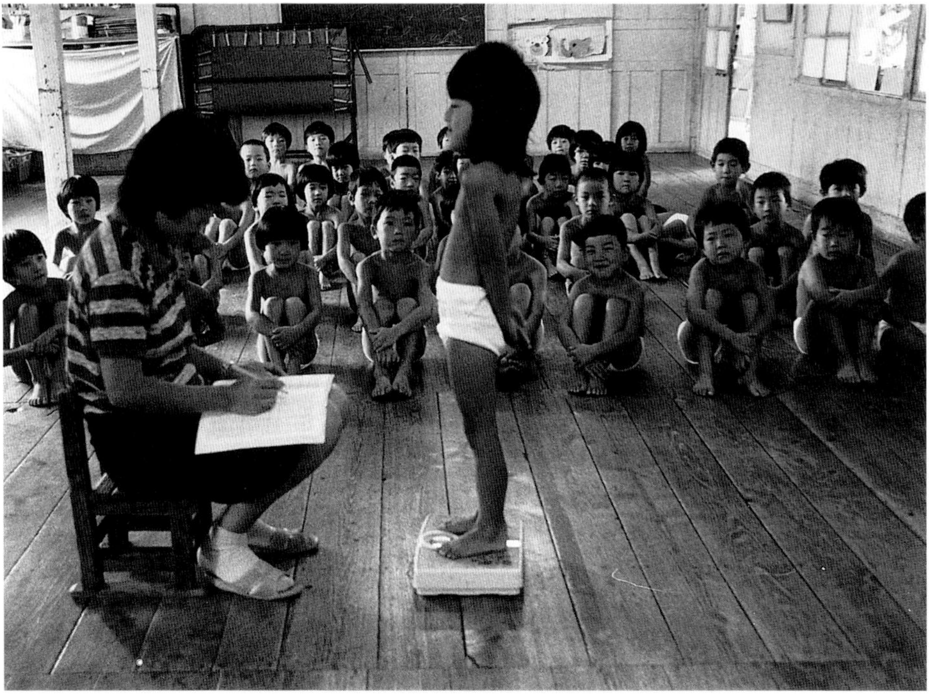

旧園舎のお付き合いは、足掛け三七年間だった。漬物倉庫を改造した建物は、ちょっと薄暗くすき間風が入り、冬はとっても寒く、夏は大銀杏の木が涼しい風を運んできた。園舎には門も塀もなく、あるのはすき間だらけの貝塚の木の生け垣だった。広い通りに面しているけれど車はほとんど通らないのでおおらかなもの。子どもたちはそのすき間から自由に出入りをし、時にはそのまま川原まで遊びに行き水遊びも存分に楽しんできた。もちろん現在のように、保護者の車で送り迎えなどなく、子どもたちは自分の足で友だちを誘い合って通っていた。この愛着多い木のぬくもりのある園舎は、時には体育館になって子どもたちが走り回ったり、音楽会場になってすてきなハーモニーに聞き入ったりと工夫されながら子どもたちの生活にとってなくてはならない場として活躍した。

80 10 20

80 9 13

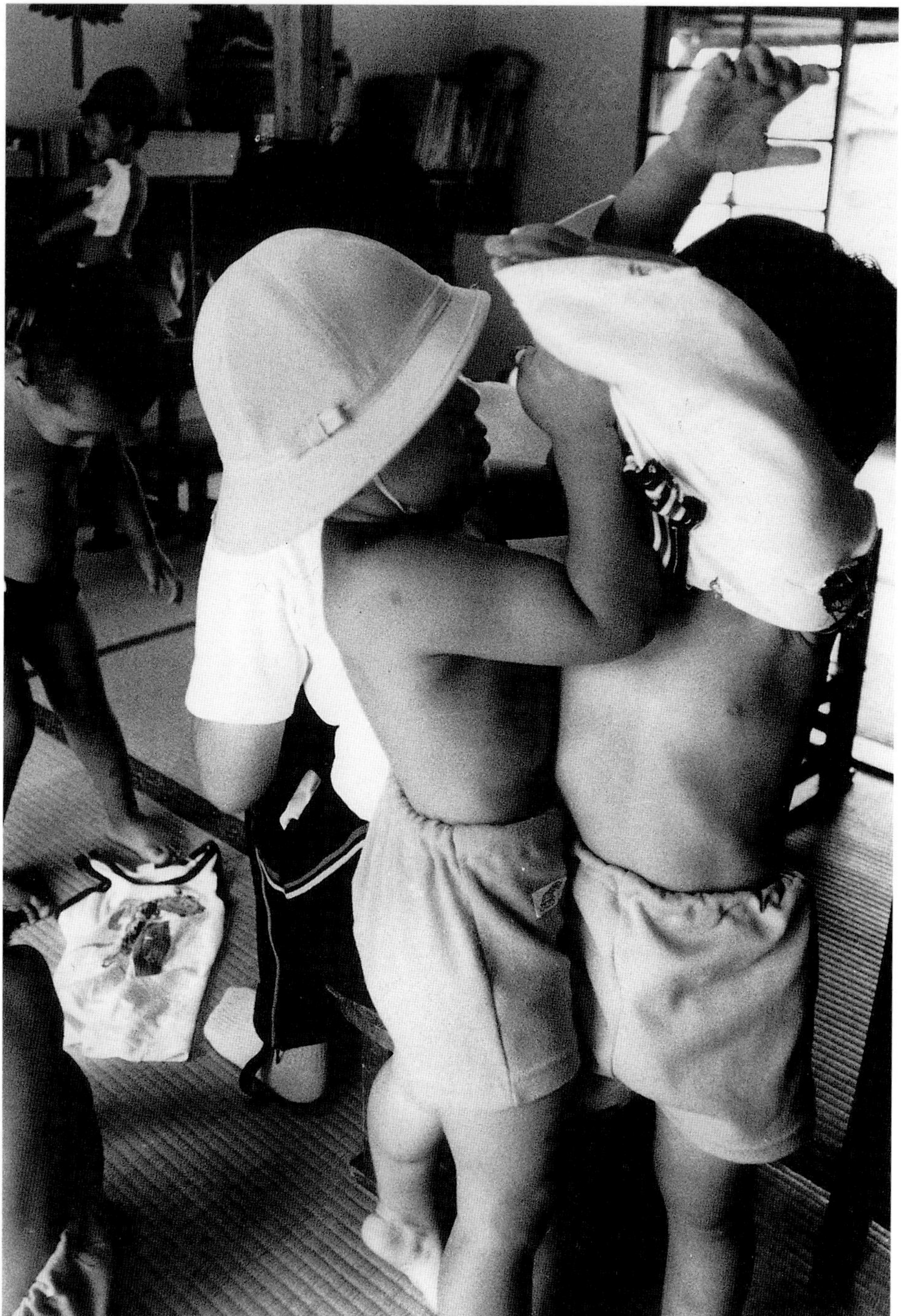

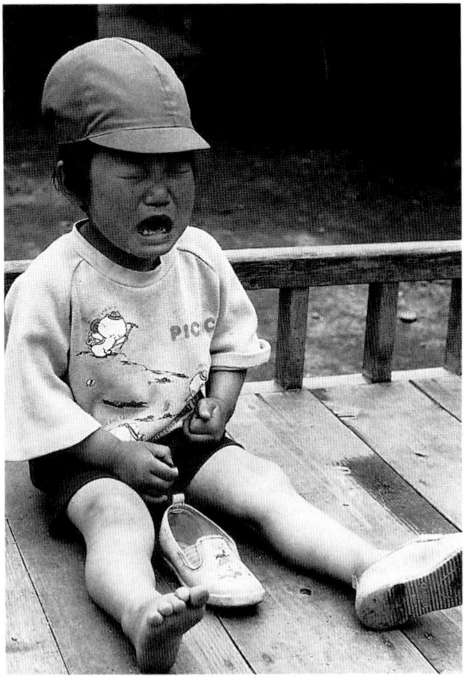

小高い丘の上の洋館風の大浴場は、労働者の十軒長屋とはあまりにも対象的であった。大正期モダンアートの建物で地域の人々の憧れでもあった。二階は倶楽部と散髪屋さんがあり、囲碁や将棋などが楽しめた。

階段の手すりが二〇センチ程の丸太で、小学生たちは馬のりになって楽しんだものだ。改装前の浴槽は約一七×一二メートルぐらいの楕円形のタイル貼りの立派なもので、男の子は小学二年ぐらいになると母と別れて男風呂に独立してはいった。潜っただけで頭を洗ったと親に嘘つくことを覚えたり、地域の老人たちにはしゃぎすぎを注意されたりして育った。新田の年長さんの合宿でも開場一時間前に開放していただき、裸の付き合いをして、気持ちもさっぱりと夜の活動へと進んでいった。

SUPERMAN
79 8 31

82 9 3

SUMMER
SOUTH ISLAND

徐行

永井縫製

育ち合う

1986～現在

　太陽が輝いていれば、新田の出発は青空の元である。「あたりまえのことを、よりていねいに」保育のあり方を、そう心得ている。
　○歳児はとうさんやかあさんの胸に抱かれ、自分の足で歩ける子どもは、堂々と胸をはっての参加である。古い仲間、新しい出会い、緊張と期待にまなざしが輝く。泣くも良し、笑うも良し。頭の

「夢の砦」で

新園舎時代

テッペンから足の先まで、酸素を送り気持ちを送り、動かし切る保育の始まりだ。仲間と力を合せ、心かよわせ、親たちの暖かいまなざしがそそぐ。この日だけ「よそいきの服」というのもほほえましい。

たがわ
まさゆき

しんでんほいくえん

JUNK

子どもの季節《とき》

2

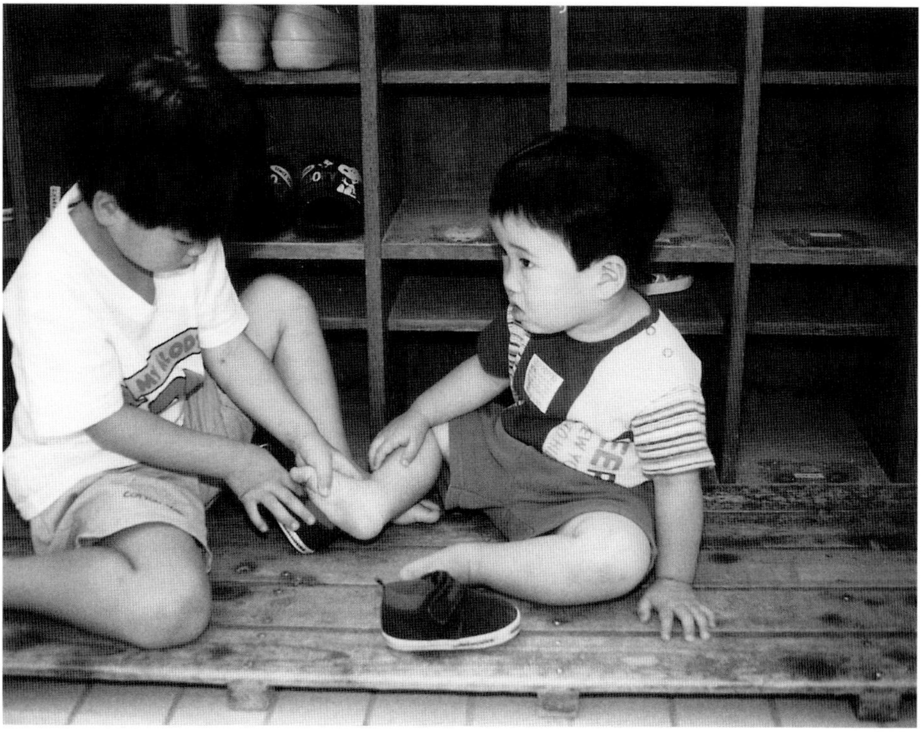

子どもの季節　2

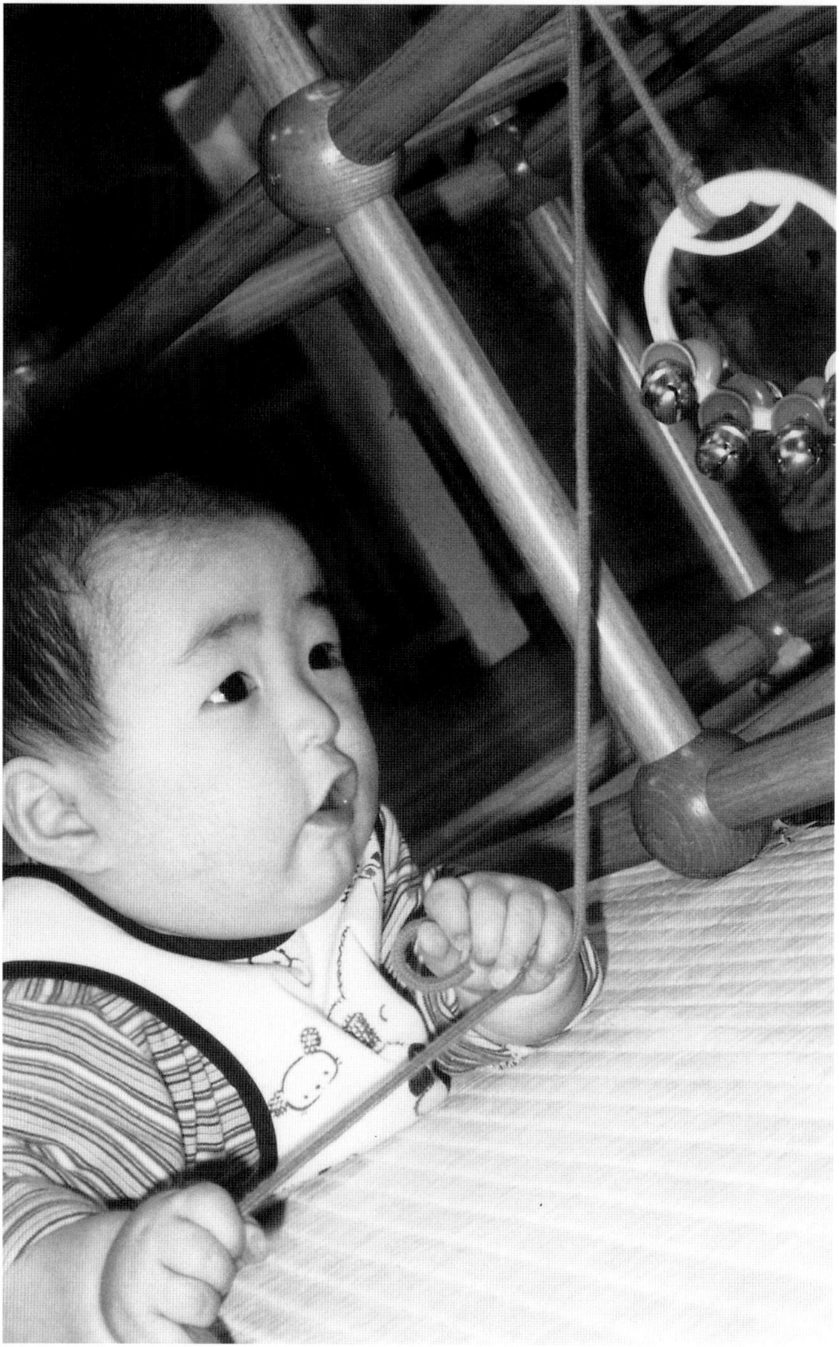

子どもの季節　2

子どもの季節　2

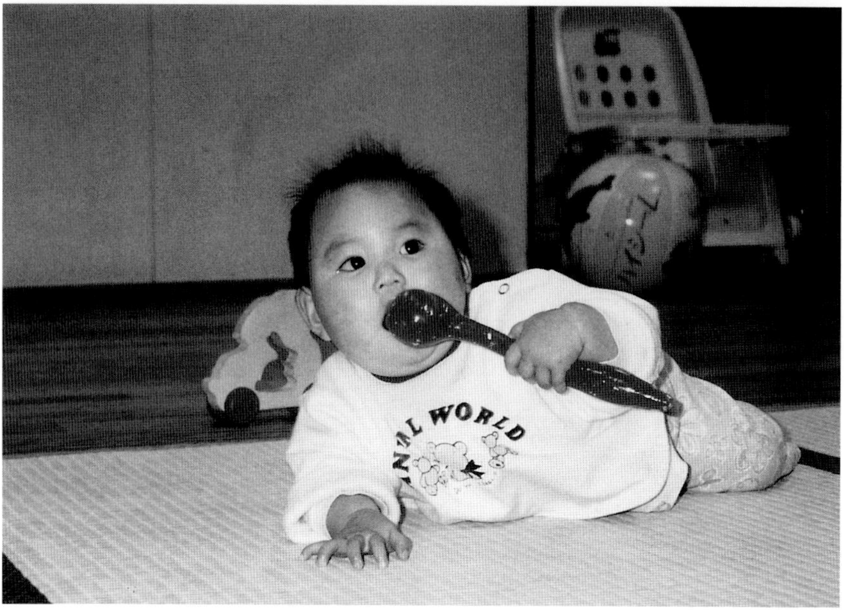

子どもの季節　2

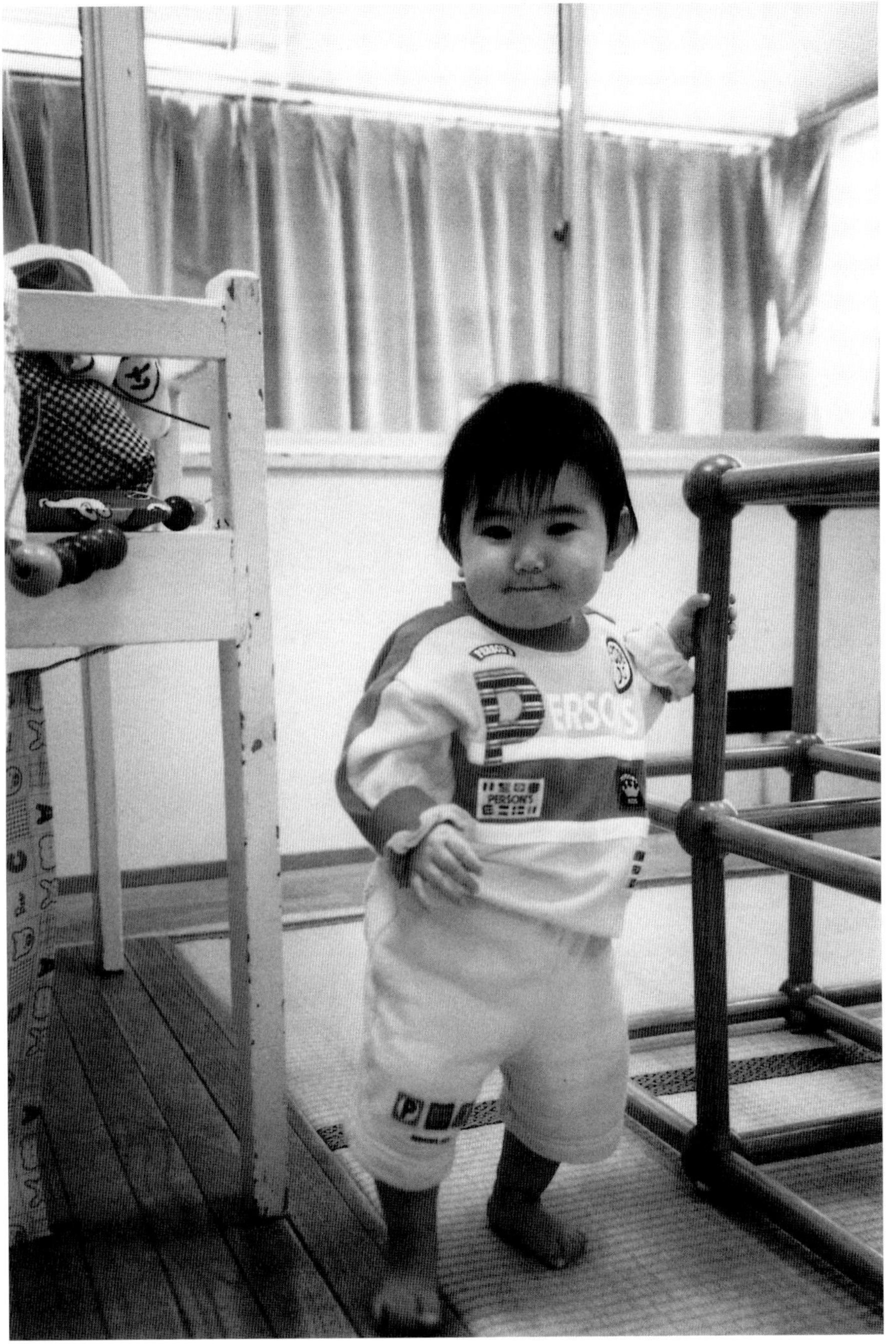

子どもの季節　2

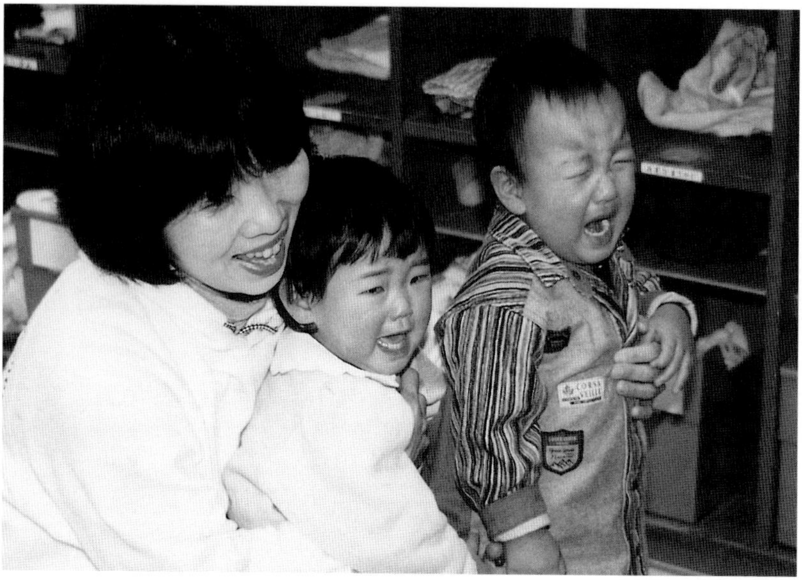

子どもの季節　2

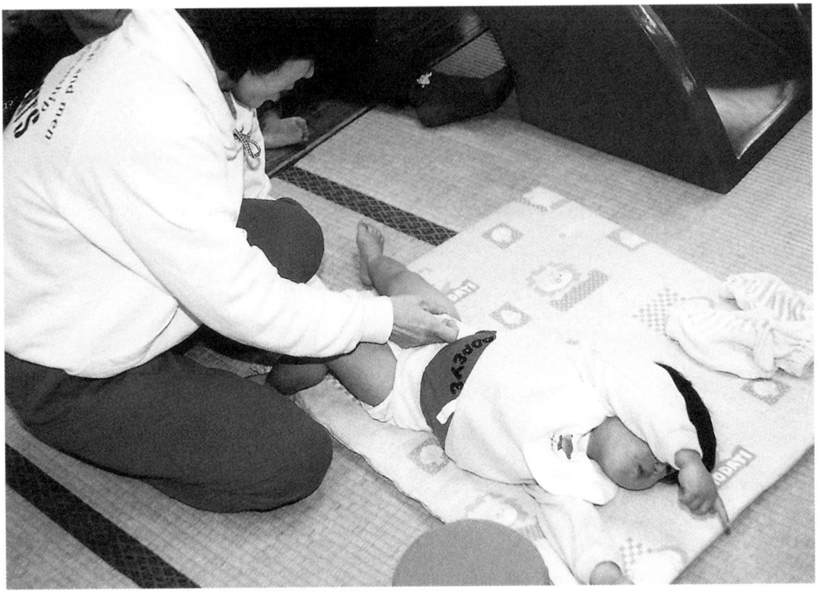

子どもの季節　2

子どもの季節　2

園から二〇分程歩いた所に子ども農園がある。四月、子どもたちは草をひき、土を耕し、うねを作り、五月に野菜の苗を植えて育てる。天気の良い日は毎日水やりに出かけ、汗びっしょりになりながら帰ってきて飲んだ水のおいしかったこと。水やりと同時に虫採りにも精を出す子どもたちは太陽の光を浴びながら土と水に触れ全身真っ黒になりながら遊び、そして七月、自分たちの手で収穫し食べたそのおいしさは忘れないだろう。友だちと共に畑づくりや栽培をし、成長する喜びを感じながら生命を大切にする子どもに育ってほしいと願っている。

DRAGON BALL

TINY LOVE

初夏の太陽の光を体いっぱいに受けて、子どもたちは水と触れ合う。初めは見ている子どもも、友だちが楽しそうにしているのを見て「やってみようかな」と少しずつ水と自分との距離を縮めていく。庭先に咲いているおしろい花をちぎって指先でもむと「わーぶどうのジュース！」と、鮮やかな赤紫色に目を輝かせている。それをコップへついで「ゴクッゴクッ」と飲んだつもりで友だちと遊びが始まる。手のひらから徐々に体全体へと遊びが広がり、やがて水と友だちになっている子どもたち。そして夏真っ盛りとなると毎日プールでダイナミックに楽しめるようになり、体全体で遊んでいる。

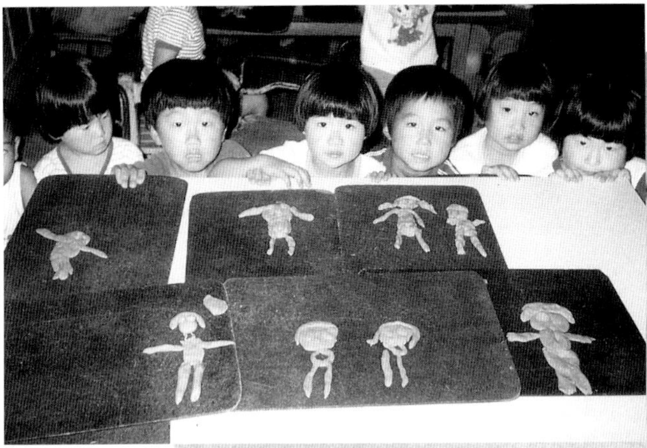

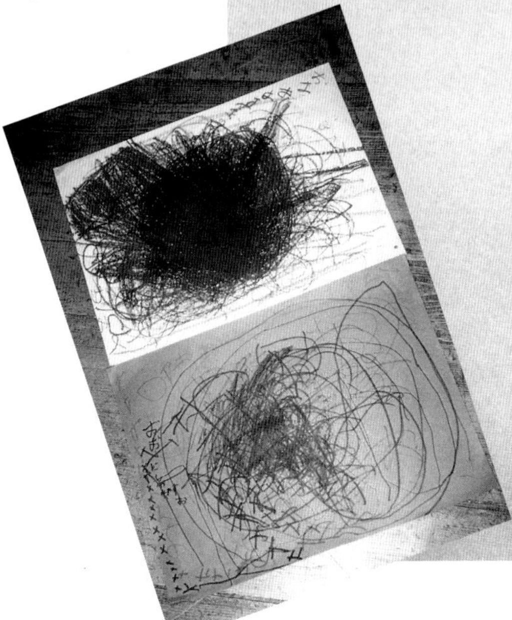

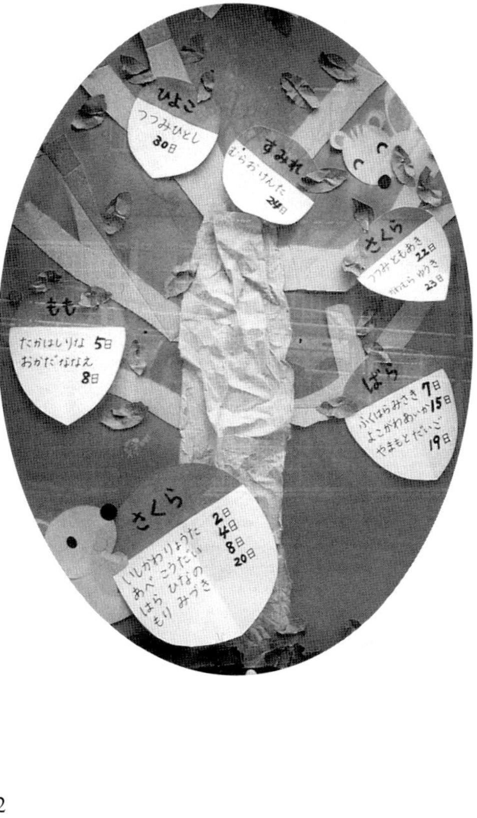
ひよこ
つつみひとし 30日
すみれ
むらおけんた 24日
さくら
つつみともあき 22日
ゆうき 23日
もも
たかはしりな 5日
おかだななえ 8日
ばら
ふくはらみさき 7日
よこがわあいか 15日
やまもとだいご 19日
さくら
いしかわりょうた 2日
あべ こうだい 4日
はら ひなの 8日
もり みづき 20日

たんじょうび
おめでと
(もも)
(ばら)
29日.かとう なつき
4日たなか こうき
9日みやた きょうすけ
(すみれ)
7日.すが ひろふみ
22日いしかわ めぐみ
28日.まなべ もえ
(ひよこ)
(はと)
18日.いまむら かいと
23日.こまつ ゆめ
6月

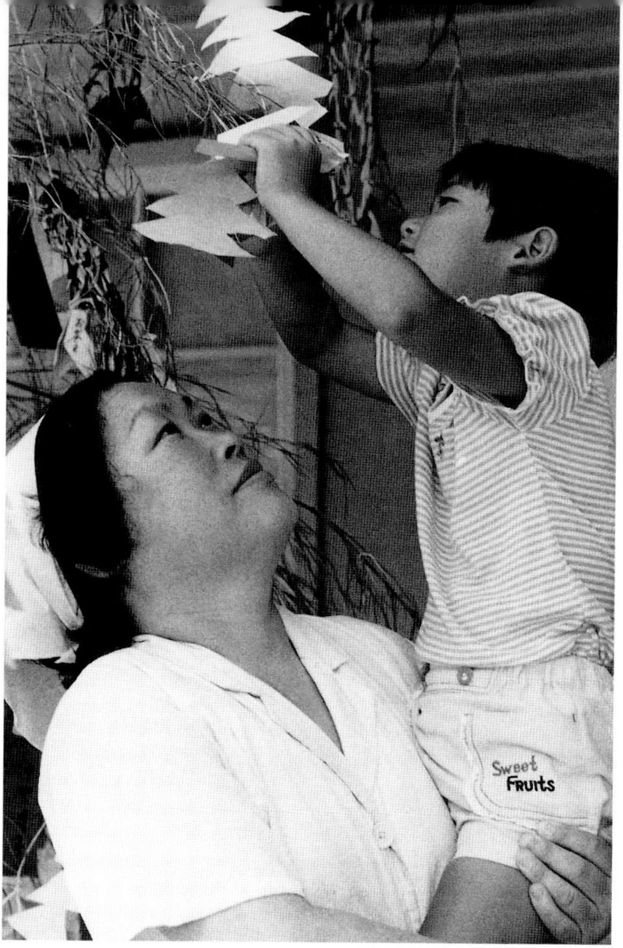

七月七日――「あんよができますように」。それぞれの願い事を短冊に込めて……。軒場に揺れる笹飾りに、子どもたちが収穫したきゅうりやなすなども供えられる。次の日、〃天の川まで願いよ届け〃と笹の枝を手に手に前の川原へ向かう。火をつけると天へ舞上がる煙を見上げて「空まであがっていきよる」「ねがいごときいてくれるだろうか」と子どもたち。あとの灰は園へ持ち帰って、水で溶くと墨になる。筆を持ち思い思いの絵を描き、年長の子どもは覚えた自分の名前を書く。字が丁寧に書けますように……。一つの行事を通して昔から伝えられている事柄や生活の知恵などを経験していく。

七月がやってくると、春から砂場でどろんこ遊びをたっぷり経験してきた子どもたちは、待ちに待ったプール開きに心身ともに開放されて楽しむ。それぞれの年齢、発達に応じて目標をたて、日々、水に触れ水に親しみながらチャレンジしていく。水がこわい子、大好きで潜ったり泳いだりもできる子と様々だが、その子その子の心の内面に沿いながら、乗り越えた時は、クラスのみんなで「できたねぇ」と喜び合う。プール大会では、そんな自分をもっと多くのともだちや保育者に見てもらうことで大きな自信へとつながっていく。

自分を出して共感し合いながら、クラスがまとまっていく夏となる。

園庭を飛び出ると川がある。国領川と呼ぶ。見上げれば山がある。名前を生子山（しょうじさん）通称「煙突山」という。後方には赤石山系の四国の山脈が連なり、新田保育園は何か大自然の懐に包まれているかのような位置にある。

昔に目を移すと、元主任の石川先生は立川の産、川に包まれて、カッパの子であった。手縫いの水着にタオルを肩に引っ掛けて「さあ、行くよ」と幼な児を導く。当時の幼いカッパたちは、なんとフルチンで走り出す。「そーれ！」と保育者の肩にしがみつき水の深みへと誘われる。泳ぐ、潜る、飛びこむ無手勝流でもあった。時に水の底に沈みたる犬の骨を、考古学者よろしく「大発見！」などと幼な児を導いたものである。

川も歴史の流れ、人の手を加えられ、少しずつ姿を変えてきた。子どもたちのちょうど泳ぎやすい場所の対岸に小学校があり、「小学生が羨ましがるから、もう少し下流で遊んでほしい」と言われたりした。そんな時代を経て、その下流の岸辺に新園舎は移転した。

川にでかける保育は、今も受け続けられているが、保育者の間にも、また、全国保問研大会にスライドを持ちこんだときも、「フルチンは？」との意見も出て、今ではパンツ一丁となっている。

川だけでなく、年長児は山にも出かける。ケモノ道をわざわざ苦労して仲間と助け合って登ったり、車椅子の友だちを抱え上げて登ったりする。煙突山は地域住民のシンボルでもあるが、我が新田の年長児には誇らしき「オレたちの山」でもある。大自然は無言ではあるが、幼な児の母である。

山の子の参観日は海水浴となった。ここ一、二年の変化である。市民の憩の場としてマリンパークは安全である。親と子どもを体中でつなぐ場になっている。おとうさんの腕に飛びこんでおいで！　子らは水しぶきで近づいていく。昼は給食室特製のカレーのごちそうである。

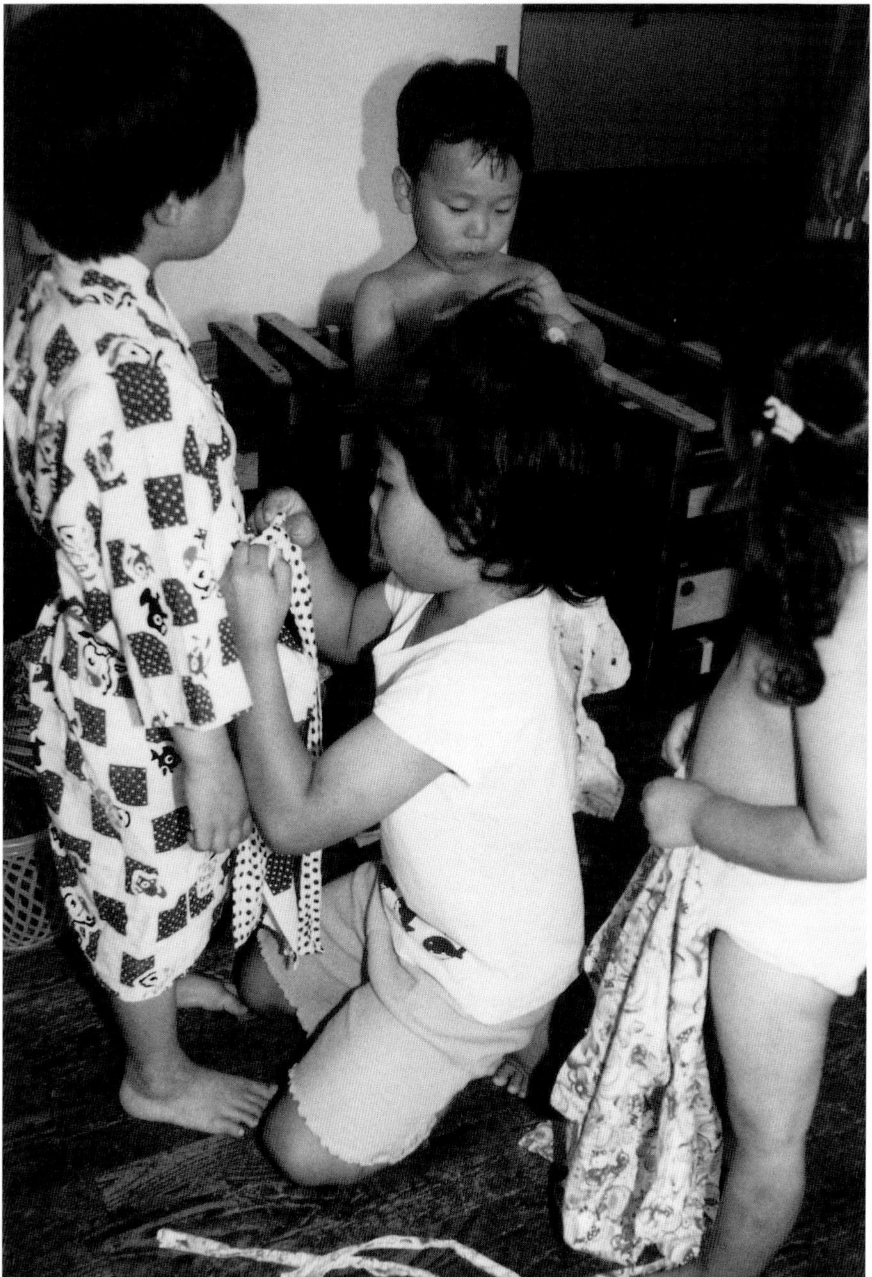

親の会が主催で取り組む行事に、夏の夕涼み大会がある。園はもともと親の運動によって生み出されたもの。親たちが何かしようというパワーにはいつも圧倒されそうだ。

子どもたちのため、園のためにとの姿勢には感謝の気持ちでいっぱいだ。ひょっとすると「しんどいね」等と言いながらも、自分たちも楽しんでいるのかな？　と思える節もある。その年の役員さんを中心に計画がなされ、土曜日の一日それにあたる。

名物は一杯の〃うどん〃である。給食室の平釜でコンブのだしがとられ、そのコンブは細く切られて具にもなる。旧園舎時代は薪でやってたので、うどん係は何百杯もさばいていると、汗とススで自分の顔が真っ黒くなったりして、お互い見合って大笑いという一幕もあった。今はガスに取って変わり、係も途中で交替である。そのおいしさは永々と受け継がれ、卒園した親子や地域の方々が集い来る。年々の役員さんたちは、そんな行事を経て熱き友情まで育ち、卒園後も友情を熟して、折々に園にエールを送ってくれたりする。

親の行事といえば、手作りの人形作りがある。卒園時期に胴体を縫いワタを詰め、洋服を着せて四月新しい気分の時に各クラスに下ろされる。二歳児など背中におんぶして買い物袋を下げて、お母さんごっこに興じたりして、うれしいかぎりである。生活発表会でも親たちの寸劇あり、歌あり、影絵ありと、子どもたちを楽しく誘ってくれる。毎年親たちからいっぱいのものをもらっている。

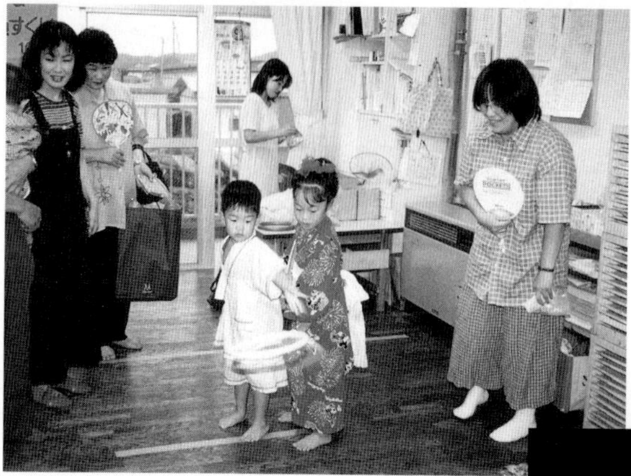

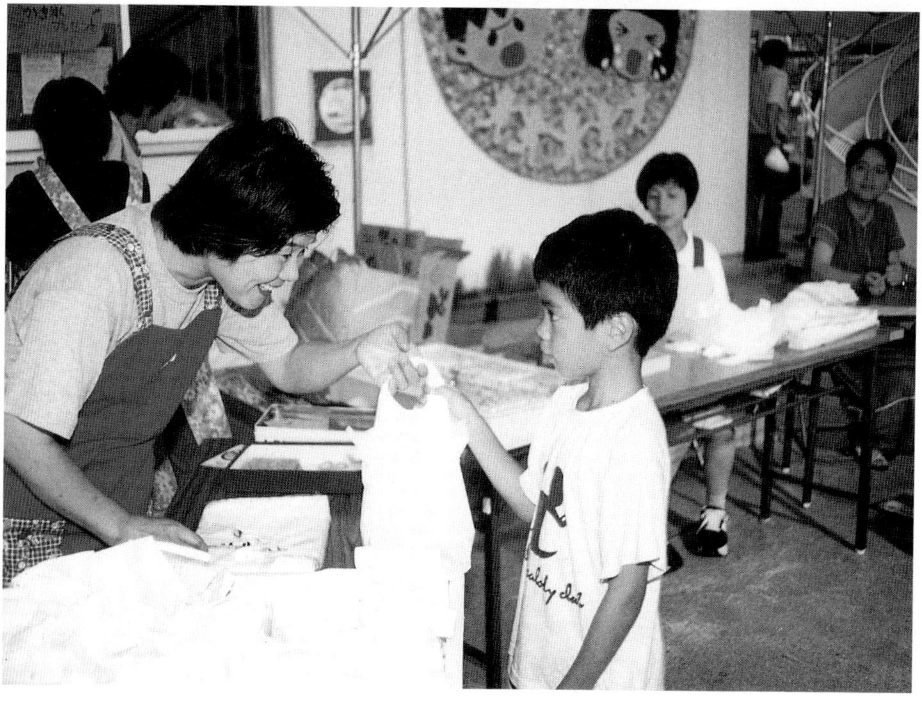

障害を持つ子どもの親たちは、一言では語ることのできない悩みを抱えて生活している。そこで〝ひまわり〟のように明るくお日様に向かって生きていけるようにと、園長を交えてのおしゃべり会から出発したのが「ひまわり会」。会を重ねていくうちに子どもたちの将来について考えていき、発達も学んでいこうと発展していった。ＯＢの方を招いて夏の一泊二日のキャンプや新年会で交流し、医師の発達診断を年に三回受診している。

また週一回は親子ひまわり教室と名付けて、細かい指導を発達に合わせて行なっている。

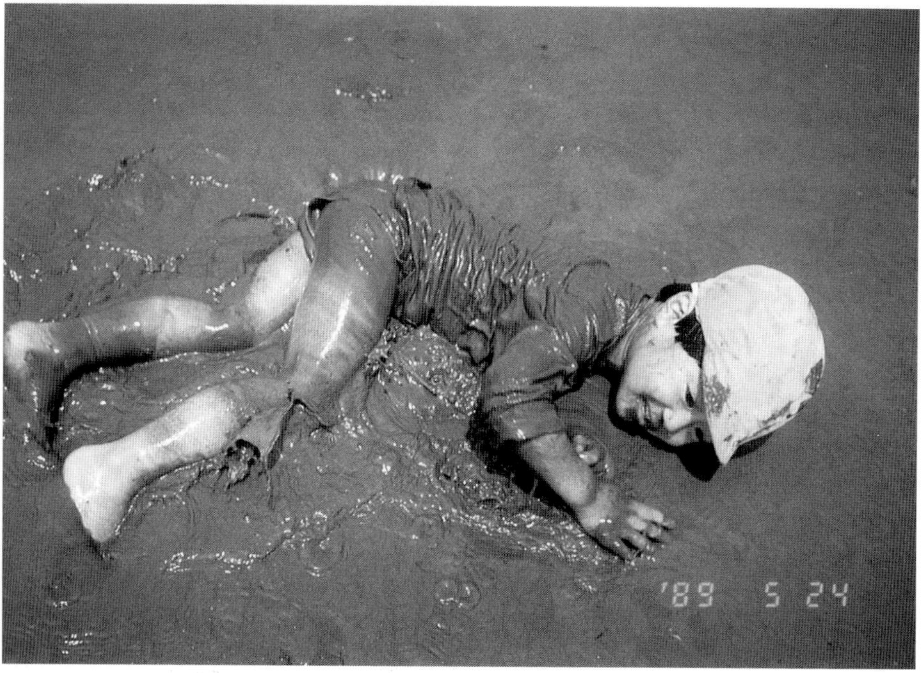

'89 5 24

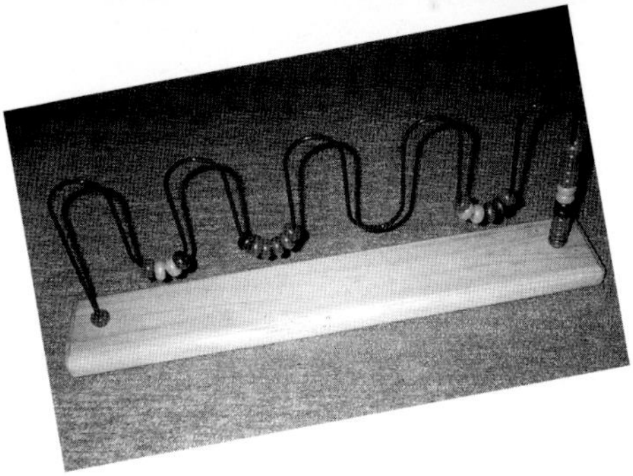

保育園フエスティバル
'97 10 26

ドッグシー

市内二七園がひとつになって開かれる保育園フェスティバル。年々様々なテーマをもとに親子で参加し、地域に根付いている。手作りおもちゃコーナーや絵本の紹介。また、離乳食の展示や育児相談など、親と保育園と地域とが手をとりあって、子どもたちが心も体もすこやかに育つことを願って取り組んでいる。

中筋

新田

地域、お年寄りとの交流を広げ深めようと、長年交流活動に取り組んでいる。
朝日保育園や地元の小中学生、高校生との交流では、恥ずかしそうにモジモジしているのもつかの間、一緒にゲームをして遊んだり、全身運動をしたり、歌をうたったりしてすぐにうちとけ仲良くなっていく。

また、お年寄りとの交流でも、自然に肩を叩いてあげたり、〃お寺のお和尚さん〃をしたり、手作りのプレゼントを渡したりして、とても喜んでいただいている。
交流活動を通して、人と人との関わりの大切さのわかる子どもに育ってほしいと願っている。

パワー全開、新田の運動会は子どもたちにとっては、発達の節目である。親たちにとっては、日頃発揮することのない持てる力を、子どもたちに見せつける絶好のチャンスでもある。走るときは全力疾走、転ぶときも思い切り転ぶが良い。スックと起き上がり、また思い直して走る子たちに拍手が響く。

日頃仲間と共同で作り上げた競技の一つ一つに思いがこもる。勝って喜び、負けて悔しがり涙を流す年長さんに、大人たちは感動をもらう。障害を持つ仲間に、出来ることには手を離し、出来ないことに支え心を寄せ合い、共にあることを子どもたちは当たり前とし、大人たちは安らぎをもらいっぱなしである。0歳は0歳なりに、各年齢それぞれに一人一人輝かそうと、保育者たちが心を寄せる。時にガンバレの激を飛ばし、時に共に涙する。親たちも負けじとエレルギーをグランドにぶっつける。

園庭は旧園舎時代以来狭いので、すぐ近くの山根グランドが恒例になっている。子どもたちは親に憧れ、妻は夫に惚れ直し（?）、楽しさいっぱいの一日になる。

みんなで同じ食材を料理して、みんなで食べることが楽しいクッキング。素材に触って感触を楽しむことから始まり、子どもの発達に合わせて、洗って、皮をむいたり、ちぎったり、包丁で切ったりと、一人一人の課題を決めて行なう。素材に手を加えたものが、食べるものになっていく過程を実際に経験し、それが一つの料理になるのを理解していく。また作っていくうちに、だんだん素材に興味を持ち、苦手なものでも「少し食べてみようか」という子どもの気持ちの変化を大切にして取り組んでいる。

材料を手でこねるのが苦手な子どもや、初めてすることに戸惑う子どももいるが、親や保育者、仲間と共にすることで、一つずつ確かな力になっていく。

ANPAN
MAN

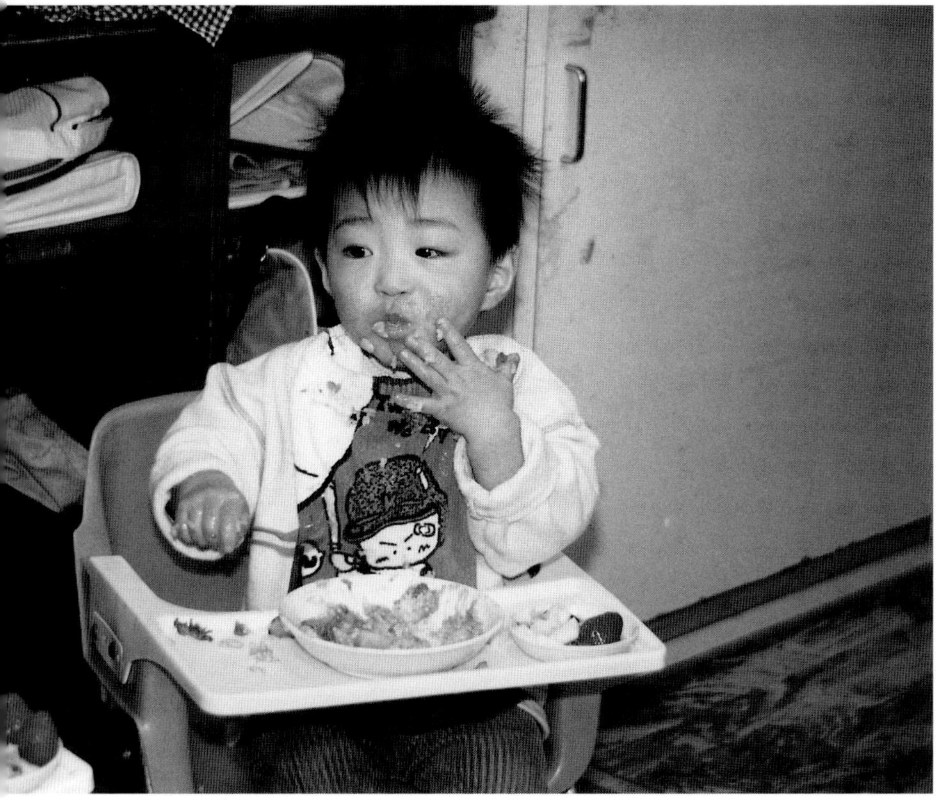

119

NORTH

51

砂遊び大好き！　山ができ川ができ、子どもたちの世界がどんどん広がっていく。

スコップで掘る子、バケツに水をくんでくる子と、それぞれの役割をもちながら協力が生まれる。夏になると実際に園の前を流れる川で思いっきり水遊び。いつも親しんでいる水、でもこの水はいったいどこから流れてくるの？　川の上流へとたどり歩き、始まったのがダム見学。雨が降って水が貯まり、下流へと流れていく水の旅。終点の海へは卒園前の遠足として〝船の旅〟で出かける。汽車に乗ってフェリー乗り場まで向かい、大型フェリーで瀬戸の海へ……。山、川、海、自然の恵みがありがたい。

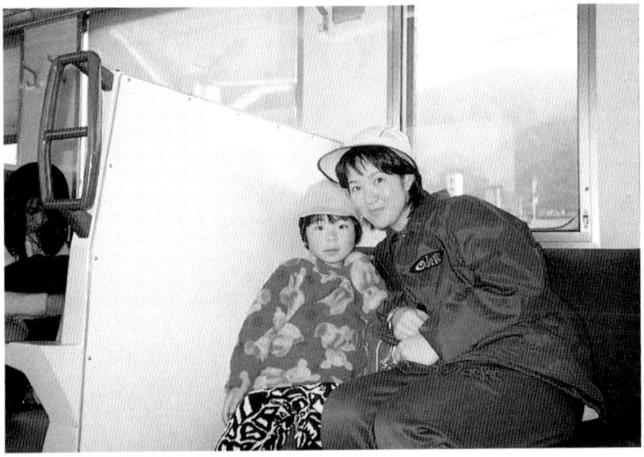

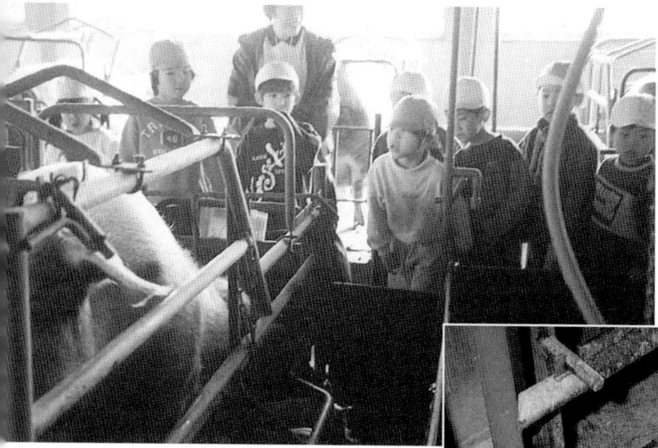

プリン

園庭中に、子どもたちの「やきいも」の歌声と共に木々がパチパチと燃える音が響いている。今日は待ちに待った焼き芋大会。この日のために六月から年長年中児が中心になって苗植え、水やり、草刈をするために子ども農園に通った。

そして焼き芋大会前日には、煙突山のふもとや神社、山根グランドへ園児総出で枯木や枯葉を集めにいく。自分でお芋を洗い、ホイルに包んでおがくずの中へ。焼け上がったお芋を園庭でフーフーとほうばる。

Full bloom

REAM
33
A COMPANY IN THE EARTH

「おゆうぎ会」から「生活発表会」へと名前を変えて、古きを捨て新しきを取り込んで幾年になるだろうか。行事を発達の節目と押えて、ある意味では、保育の集大成とも考えている。

旧園舎では、横幅二間半の所に柱があったので、そこにキッチリ納るように机を作ってあった。その机の脚を綱でゆわえつけての舞台だった。新園舎では子どもの広場に舞台を設置して行なっている。この発表会を観にこれまでどれほどの家族や研究者、保育者の方が来られたことだろう。

舞台の上では0歳児から年長児までが年々の思いや、読みこんだ絵本や、素話しを起こして劇遊びや劇づくりに創作し表現していった。観られた研究者の方々にもいろいろ指導をいただき、今ではいっさいの飾り物を取り除き、子どもたちのつもり、みたてを盛りこんで表現を作り続けている。年長になると、喜び悲しみ悔しさ等々人間らしい感情を子どもなりに表現し、大人たちを感動させる。

生活発表会
TOM

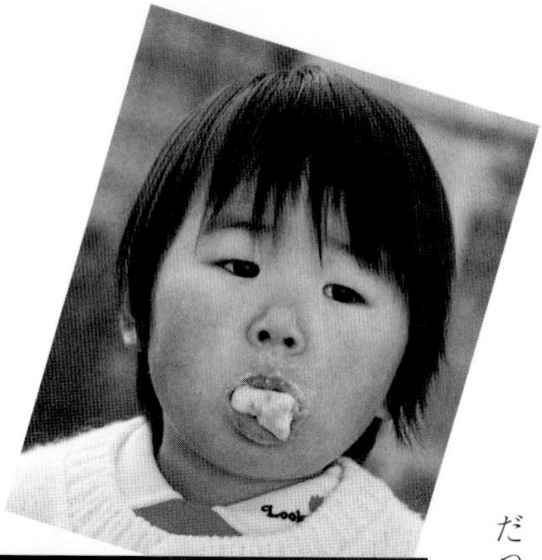

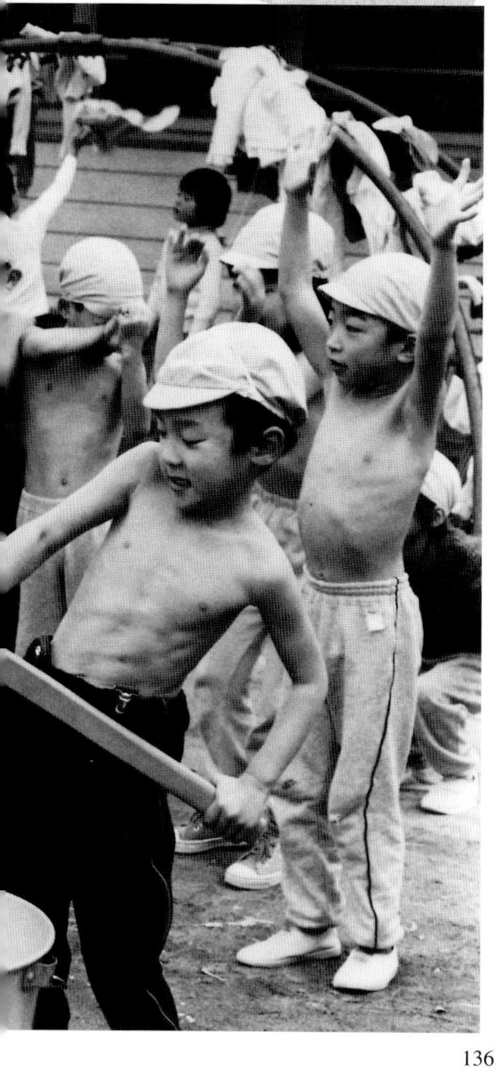

旧園舎は、ひょっとすると日本一のオンボロ園舎かも知れなかったかなー等と思う節がある。釘は打つ、綱は張る、裸電球から蛍光灯に変わったものの、天井からはいつも何かがぶら下がっている。ストーブは直径二〇センチもある坑木を燃やしていたのから石炭に変わり、網を置き、寒い日には餅を並べてこんがり焼いて幼な児と食べたものである。

原始的というのか、人間の知恵というのか、燃料なども工夫して利用したものだった。

そのもちつきも寒風をついた一月の風物詩だった。

特別な理由もなかったが、一二月は「生活発表会」「クリスマス」の行事などで精一杯ということもあり、成人式の前々日ぐらいに設定した。もち米は生協で買うこともあったが、農家の方で持参してくれる人もいて、子どもたち全体にくださるものは、「ありがとう」の一言で甘えたものだった。

親たちは集まり、大きなおくどを据え付けてもち米をセイロで蒸し、年長の子どもたちは、ペッタラコと楽しんだ。その日ばかりは食べ放題。昔の子どもはよく食べたものだったかな?

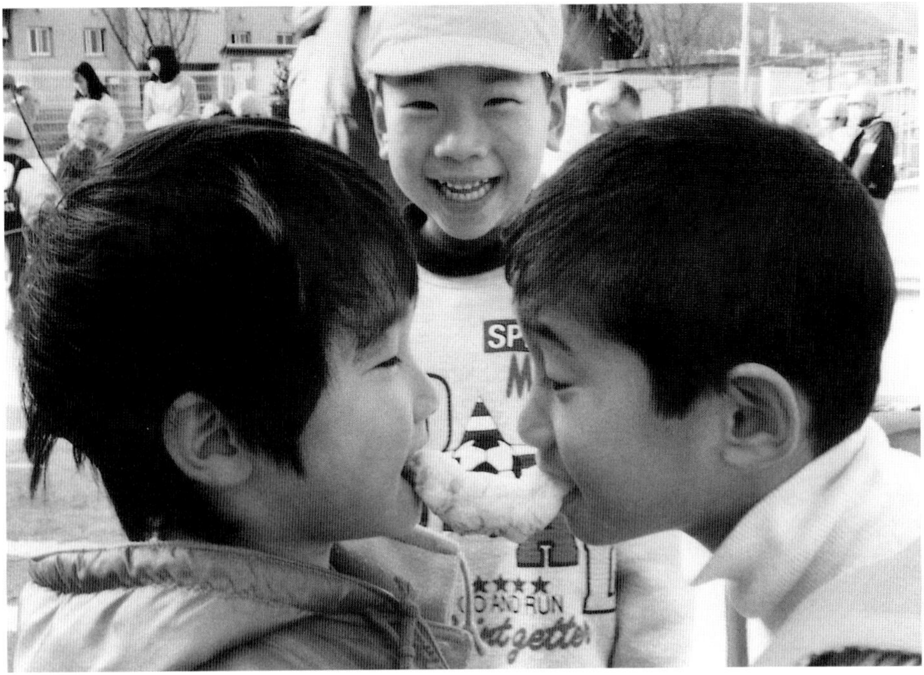

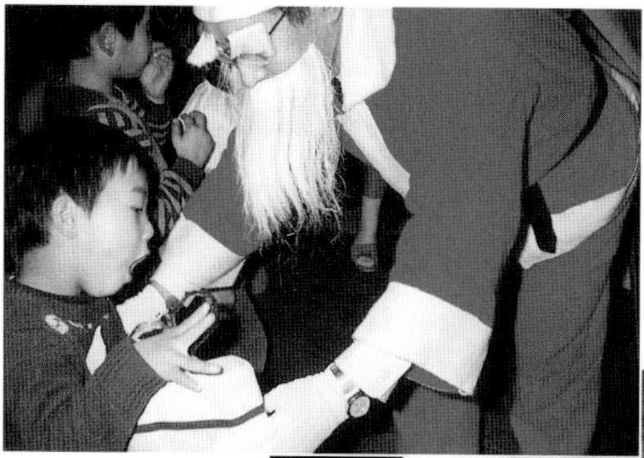

FESTIVAL OF ROAD

PALMER

そ
つ

お
め
で
う

GIRL

めでとう

ばらぐみ
そつえ
おめで

1999年3月

「輝け瞳たち」「はばたけ幼な児たち」、今年の卒園台帳には三〇 名の名前を納めた。最近では親子二代の卒園が毎年数名あり祝福を受けている。一九九九年度には、輝かしき親子三代の第一号が入園してきた。それだけに園の歴史が永々と引き継がれ、保育の熟成を追い求めている。

　年々の子どもたちは誇らしく胸をはって小学校へと巣立っていった。障害を持つ子たちも、元気で地元小学校へ当たり前として入学していく子らも、今日ばかりは着飾って、胸には年中さんに手作りのペンダントを下げてもらい、人生晴れの日である。

　卒園証書には通り一遍でなく、一人一人に優しかったこと、がんばった努力の後がひらがなで記され、世界で一つの宝でもある。親たちは、園の気持ちを汲み取って結婚式まで保存してくれたりする話も聞こえてくるからうれしい。

　卒園を待たず命を天に召された花内美里さん、また、親も……田川力也さん、その赤ちゃん智久ちゃん、園の思いの中にいつも生きている。

みんな卒園オメデトウ！

新田保育園五〇周年記念写真集に寄せて

日本の民衆のなかに生まれ、ともに生きた新田の五十年

～そのひとコマに出会った私

愛媛大学　渡辺　弘純

初めて新田保育園を訪ねたのは、晩秋の頃であった。子どもたちが帰った部屋の片隅で、保育者たちが、『かにむかし』の絵本を読み合わせ、生活発表会の劇の脚本を創っていた。鮮明な記憶として残っている。何年のことであったろうか。

一九七二年頃から新田の保育者と出会っていたはずなのに、新田行きの記憶がない。七五年保育問題研究会札幌集会、新田の岡田さんや宝田さんとは初対面だった気さえする。きっと一九七六年か七七年であったに違いない。心理学の研究のために通っていた頃のことである。

何とずうずうしいことか。新田に泊めてもらっている。当時の石川主任保母は、「そのうち閉鎖されるから鉱山の大浴場へ入れ」といって、無理やり私にチケットを押しつけた。それで、風呂嫌いだった私も、仕方なく大浴場へ行った。浴場には自分の他は誰もいなかったのに、鉱山労働者たちのどよめきが響いているような気分になってしまった。今でも、新田というと、山田洋次監督作品『幸福の黄色いハンカチ』の美唄炭坑の鉱山住宅と重なるのは、この体験のせいである。元禄以来の歴史を持つ日本有数の別子銅山。住友発祥の地。住友系の新入社員が研修のために訪れるところ。朝鮮半島か

ら強制連行された人々が働いていた土地。日本の近現代史。さまざまな映像が頭を駆け巡る。五十年前、三交代の労働者の安眠を確保するため、鉱山住宅の一角に生まれた保育園。鉱山の独身寮の若者たちに冷やかされながら、若い娘たちは保育をはじめたという。

一九七八年には、現在金沢大学におられる大井先生と一緒に、新田保育園へ通った。一九七三年から多数の障害児を受け入れていた新田が、研究会をはじめ、私たちも参加したのである。ガラスを割ることに喜びを見出す子どもをめぐって、みんなで話し合った場面を思い出す。その頃の園舎は、一風変わっていた。銅山の閉山で空家になった古い社宅の多数の部屋が次々に畳敷きの保育室へと変身していたのである。最も印象に残っているのは、大井先生と二人で、その畳の部屋に毎月一回泊まったのであるが、園の研究費で、二組の新しい蒲団が準備されていたことである。それより前、一人で新田へ調査に行っていた頃、深夜、新居浜から松山へ帰る途中の桜三里峠で、私のボロ車のワイパーが、降り積もる雪のために動かなくなり、真っ暗な路肩に何度も車を停めて、手で雪を払いのけたことも、忘れられない記憶である。

あれから二十数年の年月が経過した。光陰矢のごとし。一昨年晩秋から、子ども達の現実（初心）を忘れまいと、今度はＪＲの列車で、再び新田保育園へ断続的に通っている。なかなか継続的にとはいかない。往復の短い旅は、日本の民衆の歴史に思いを馳せる時間となっている。

現実をありのままに受けとめる
～障害をもつ幼児の保育

愛媛大学医学部　金澤　彰

はじめに

新田保育園に通って、障害をもつ幼児の発達の過程をみせていただいていますが、この観察もすでに二十年を越えました。その間、毎年数人の新入園児をみたことになり、合わせて六、七十人の子どもさんの、障害をもちながら発達する姿を追いかけたことになります。中には、成人後の現在の様子をお知らせ下さる方もあります。それを許して下さった子どもたち、お母さん、保育園の関係者のみなさんに心から感謝しています。

落合操＋新田保育園著の『夢の砦―障害児と生きた鉱山の保育園の記録』（ひとなる書房・一九八七年発行）には、「ひまわり会」の発足の経過や、その後の活動の様子が詳しく書かれています。それによれば、私が新田保育園によせていただくようになったのは、「ひまわり会」が発足してしばらく経った頃のようです。教育学部の渡辺弘純先生や大井学先生がすでに関与しておられました。そのことはずいぶん後になって知ったのですが、新田保育園には、親たちと保育者が障害をもつ幼児の保育を独自に進めた歴史があったのです。

●障害を素直に受けとめる

障害をもつ幼児に接するとき常に心がけているのは、子どもの様子を見ることと、親に適切に理解してもらうことです。私の経験では、親は自分の子どもに障害があるのではないかと疑ったとき、「それが何であるか」、「原因は何であるか」、「将来の見通しはどうか」を知りたいと思っているようです。しかも、この順序で疑問をもち、悩むようです。

この疑問と、それに伴う苦悩は当然のことであると思えます。だから、障害をもつ幼児に接したとき、まず、障害は四肢の運動障害か、知的発達の遅れか、コミュニケーションの障害か、など、現在の状態をできるだけ正確に把握しようと考えます。次に、その障害が、胎生期に生じていたのか、出産時期に起こったのか、新生児期や乳児期に起こった病気によるのか、脳障害か、それ以外の臓器の障害か、など、原因を推定します。しかし、実際には分からないことが多いのです。最後に、成長して思春期や青年期を迎えたころに、どのような状況になるかを推測をします。

障害をもつ子どもさんの相談にのっていると、ほとんどの親に、「診断名は何か」を聞かれます。こちらも分かる限り診断名を告げます。しかし、実際に必要なことは、診断名より現在の状態、発達の段階、障害を克服するために今何をする必要があるのかということです。だから、そのことを説明します。原因については、分からない場合が多く、また分かったからといって、障害への対処の仕方が変わらないことも多いので、あまり重視しなくても良いと思います。

むしろ、思春期、青年期を迎えるころまでに、何を身につけさせるか、その方が重要だと思うのですが、それは幼児期に見通すのは非常に難しいことです。義務教育段階で何度か教育と医療などの面から総合的に検討する必要があるのでしょう。

●親の主観的願望を控える

新田保育園に通園する障害幼児の保護者には少ないのですが、障害名なり状態像を素直に受け入れずに、親の考え、感じで子どもに接しようとしたり、保育者にそのように接することを期待する方があります。

たとえば、「うちの子は自閉症ではない、学習障害児だ」として、ある特定の療育法を実施してほしいという希望を述べられるような場合です。親の気持ちは良くわかるのですが、一方、障害名についても、その発生についても分からないことが多く、治療者、研究者はさまざまな仮説を立てて試みをしているのです。落合園長のお言葉を借りると、「てさぐりふりこ」なのです。だから、非常に多様な仮説の一つに親がこだわると、障害を素直に受けとめることができなくなり、結局は障害をもつ子どもの療育をうまく進められなくなります。表題に書きましたように、現実をありのままに受けとめることから始めようではありませんか。

新田保育園は、そのように現実をありのままに受けとめて保育を実践してきた歴史をもっています。そのことに信頼をおいて、力を合わせて保育の実践を進めたいですね。

学ぶよろこび　「なかまたち」とともに

愛媛大学　山本　万喜雄

現代日本の働く人々の生活は著しく不安定になり、乳幼児はいま、人間として育つ上でさまざまな困難をかかえています。

周知のように新田保育園は、愛媛における統合保育のパイオニアとして五十年の歴史を重ねてきました。子どもたちの発達を保障するために、新田の保育者集団はどんな子ども像を求めてきたか。『なかまたち』によれば次の五つです。

・健康な子ども
・情操豊かな子ども
・ものをよくみつめ、よく考える子ども
・仲間を大切にする子ども
・困難に負けず正しいことをやりとおせる子ども

子どもは「人間的な力を獲得する力」をもって生まれ、まわりの人々や自然に対する能動的な活動を通して、そして社会の教育的な働きかけを通して「人間的な力」を獲得していくと言われます。

「てさぐりふりこ」のような中で創造されてきた輝かしい保育実践。その背後には、金澤彰、大井学、渡辺弘純氏ら研究者の支えがありました。しかし、保育観一つとってもそれが一致するまでには、厳しい学習環境を越えなければなりません。『輝け瞳たち』（愛媛民報社刊）の中で落合先生自身、こう述べられています。

「保母にはまだ研修権が国によって保障されていないので学習時間はほとんど夕方の時間である。一日の重労働とも言える保育の仕事をすませ、そして家族の食事づくりもそこそこに勉強会である。余程の意志と体力とが要求されることである」と。

こうした困難があるにもかかわらず、学習会がなぜ続けられるのか。それは、子どもの変化が保育者の喜びにつながるからでしょう。私も、この二十年あまり地域で子育て学習会の講師をつとめ、ともに学びあってきました。

新田の保育実践といえば、一九八七年、障害児と生きた鉱山の保育園の記録『夢の砦』（ひとなる書房刊）が刊行され、身近に学ぶことができました。その後、愛媛保育問題研究会などの集会を通して、新田の保育者集団に急速に接近していったのです。

私の役割を一言で述べるならば、仕事で疲れた人々に、ふかく、やさしく、あたたかく学ぶよろこびを伝えること。子どもたち・親たちの願いをていねいに聴きとり、こたえることを出発点におきました。そして子どもの権利条約に励まされて、子どもたちの「最善の利益」を中心に、地球時代にふさわしい平和と民主主義、自治と共生を柱にした学習に力をそそいできました。

学ぶことで世界がひろがる、仲間がつながる、新しい自分を発見する。そんな学ぶよろこびを求めて、子どもの育つみちすじと同じように、ゆっくり、ゆったり、学びの日々をくり返すのです。新しい歴史の創造をめざして。

二十三年続いている劇「かわいそうな象」の上演

兵庫保育問題研究会　田川　浩三

半世紀の歴史を貫いてそびえている何本かの柱が、新田保育園のたぐい稀な存在意義を物語っています。そのうちの一本の柱が、生活発表会のとりくみで、特に最年長ばら組の「かわいそうな象」（土家由岐雄作）による劇づくり（劇遊びではない）です。ばら組だけは、毎年同じテーマで、二十三年も続いているのですから、名物伝統行事となっています。ばら組になったら、何をやろうかと迷うことはありません。どのように「かわいそうな象」を演じようか（上演の意義）について悩むのでしょう。ある年は「そしてトンキーも死んだ」とか、またある年は「ぞう列車よ走れ」など、年ごとに上演の意義（切り口）を見出しています。毎年新しいからこそ二十三回も続いたと思います。年ごとの曲折はありましたが、戦争体験の風化をいましめ、今年こそ平和の大切さを訴える、というテーマには一貫してゆらぎはありません。当園の特徴は、ばら組の劇だけではありません。生活発表会はどの年齢でも、年間の保育活動の総括であり、最年長組の発表は、入園以来、劇遊びなどを積み上げることによって、その力を蓄えたのでありますから、特に劇にしぼり込んで述べることで、新田保育園のアイデンティティーに迫れるのではないかと思います。

最初は七七年で、広島の松原多恵子さんの実践に感動して、その模倣であったと落合園長は述べています。私が最初に観たのは八一年五回目のとりくみで、即八ミリ映画に撮りました。八三年第二十二回の全国保問研では、小笠原真弓さんが、映像の上映とともに提案なさったので、賛否両論たいへんな反響を呼びました。幼児にこれだけのことができるのか、すごい、感動した、という感想がほとんどでありましたが、一部の否定論は次の通りでありました。

（一）幼児に与える絵本は、豊かな夢のあるものにすべきで、「かわいそうな象」はよい教材とは言えない。

（二）幼児期の平和教育は、飼育栽培などを通じて、命をいとおしみ、暴力によるケンカをなくして仲よく毎日を楽しむというような、間接的平和教育でよい。

（三）幼児の発達段階の特徴からして、劇をさせるなどは無理で、劇あそびでなければならない。

この論点は今も続いていますが、当園では、その後の二十年の実践で、反論を実証していると思います。（一）では、夢のあるすばらしい絵本をたくさん味わっています。（二）では、直接的平和教育の土台となる体験を、たっぷりと集団的に積み上げています。でなければ、劇の最後の「戦争はいやだ！」というセリフなど浮き上ったスローガンとなってしまいますが、当園では、着実に実体験からにじみ出た、リアリティーのあるセリフになっています。（三）では、幼児期にも劇ができる、いや幼児だからこそ、こんなに象になりきった迫真の演技をしている事実を認めるべきだと思います。

当園でも最初の頃は、役や場面はしっかりと掴んでいますが、緊張で硬直した体で無理をして声をはり上げようとする努力がみられました。そしてそのがんばりが評価され、親の感動を呼んでいたようでした。しかし次第に演技が洗練されて、役に生きる状態がふえています。進歩の要因の第一は、小さい子どもが、ばら組になったら象の劇ができると期待し、自分がやる時は去年よりももっとよく演じたいという意欲の積み上げだと思います。第二に特筆すべき要因は、親達が今時珍しく集団として高まっていることです。幕があくと客席は静まりかえり、受容的な期待と、愛情に満ちた励ましの心で会場が一つになります。これは、他園にはみられない当園独特のムードで、演じる子どもの息づかいにも客席は敏感に反応します。これでは子どもも自信をもって演じるのも当然です。子ども、親、保育者が同じ祝祭の場で、手づくり文化を発信し、伝統行事のだいご味を満喫する、これがメディア時代には稀な、新田保育園の特徴だと思います。

発刊に寄せて

新居浜市保育会会長　西原　主計

煙突山を通り抜ける別子おろしに添うような国領川の急流が、やがて眼鏡橋辺りから川面の柔らかさが増してくる。こんな立地条件を前にして、新田保育所が巍然と存在しています。

今日までの五〇年という短くて長い歴史が、どんなにか一日一日の尊さをかみ噛み締めながら努力なされてきたことでしょう。落合先生には、心から敬意を表しますと同時に、園長先生を限りなく支え、保育の深さを骨身にたぎらす職員の方々には、この写真集が、またの情熱と自負心と更なる誇りをもたせてくれることでしょう。ものごとの完成には、幾多の試練がありますように、新田保育園とて例外ではなく、旧園舎時代の厳しいなつかしさ、そして新園舎の誕生に、園長、職員、保護者、卒園者そして多くの支持者の方々の園を思う心と共存の喜びを知る者にとり、羨ましくもあり、一抹の嫉妬心すら起こるほどの美しさの上に、輝く今日があることを祝福申し上げる次第です。

二一世紀を控え、この記念すべき写真集が、多くの保育に生きる人々にとり、たんに過去への懐旧のみでなく、明日を思う生きる喜びに繋がることを嬉しく感じながら、発刊に寄せての御挨拶と致します。

新田保育園創立五十周年を祝う

朝日保育園長・全国保育問題研究会代表委員　合田　千里

新田保育園が、創立五十周年を迎えた。共に子どもの人格発達の保障を願って切磋琢磨し合ってきた　友園の園長として、心から祝福の言葉を贈りたい。

新田保育園の成り立ち、決して平坦とはいえなかった五十年の道のりについては、他のところで述べられるであろうからここでは触れない。それにしても、落合園長がいわれるかつてのボロ園舎から、自前の新園舎へと飛躍し、未来に向かって確かな展望を切り開かれたことへの、感慨は深かろう。

だが、新田保育園の本当の値打ちは、園舎の善し悪しにあるのではない。子どもの発達保障を願って、真摯に深められたその保育の質の高さにある。新田保育園の保育の質の高さを裏打ちしてきたのは、保育現場で現れた問題を、常に「それはなぜか」と問い詰めながら、保育実践を総括し理論化する努力と、確かめられた科学的理論を保育実践に生かそうとするひたむきな努力の結合であった。新田保育園が、全国的レベルで貢献してきた障害児保育についても、そうした姿勢のもとでの、保育の質の高さと、子どものためにはどんな困難をも引き受けようとする、誠実で不屈な精神を抜いては語れないのだと思う。

新田保育園は、一貫して人間を育てようとしてきた。ここで「人間を育てる」ということには深い意味がある。人間の本性は、一人ひとりのかけがいのなさと、みんなが支え合って生きる共同性が統一されているところにあるが、現代社会は個と共同性を引き裂き、人間を人間から疎遠にさせる。その中で「人間を育てる」とは、個と共同性を統一して子どもの中に取り戻すことに他ならない。保育界に根強くある、個と集団を矛盾するものとしてとらえる視点を乗り越えて、新田保育園が積み上げてきた「集団づくり」の実践は、まさに「人間を育てる」保育であったといってよい。

新田保育園の五十年の歴史の持つ意味はずしりと重い。長い間鉱山労働者の暮らしを支えるとともに、多くの子どもたちの人格を刻んできた。それだけではない。全国の保育実践に少なからぬ影響を与え、私たち朝日保育園にも多くのことを学ばせてくれた。感謝の気持ちを込めて五十年の歴史を祝い、新世紀に向けて一層の発展を期待したい。

障害児保育への感謝

新田保育園理事　**岡部　喜恵子**

雪の散らつく寒い日、障害を持つ次男の手を引き、ワラにもすがる思いで入園をお願いに行ったあの日から早くも二十五年、当時は障害児を受け入れてくれる園はなく、ましてや混合保育など考えられない時代でした。「健常な子供も障害を持った子供も共に発達・成長する」といった信念を持たれ、県でも初の試みである混合保育のスタートを切ったのも新田保育園でした。

鉱山の社宅を改造した古ぼけた園舎と、どの父兄にも「父ちゃん！　母ちゃん！」と呼んでくれる飾り気のない笑顔の園長、わずかな発達にも共に喜び、温かく包み込んでくれた保母さん達、今は懐かしい思い出ばかりです。

また、子供の保育はもちろんのこと、暗い心で悩む親達を時には厳しく、時には温かく励まし、生きる希望と勇気をくださった園長、職員の皆様、お陰様で多くの親達が救われました。そして、あの当時悩み疲れていた親達が「一人一人の力は弱いけれど、多くの力を合わせれば不可能をも可能にすることを信じ、十年間の活動の後、行き場のない障害者達の為に無認可作業所（わかば共同作業所）を開設し、更には関係者の努力の末法人化することができました。この夢のような実現の裏には、子供達の将来を心配した園長の熱い呼びかけがあったことはいうまでもありません。
現在は燦々と光の差し込む新しい園舎となりましたが、いつまでも素朴な新田保育園であることを願っております。

出会えてよかった！

わかば共同作業所副所長　**伊藤　真利子**

ダウン症の息子が保育園を卒業して早一五年になるが、今なお一番身近な存在であり頼りにしているのが新田保育園と落合先生だ。初めての出会いの時を忘れもしない。知人に紹介してもらいドキドキしながら「私の子ども、保育園に入れてもらえないでしょうか？」というと「ふんふん、連れてこんかい」と何も聞かずやさしい顔で事もなげに言ってくれた。ちょっと拍子抜けしたがあの時の落合先生の顔と、言いようのない嬉しさ、これで救われる！　と思った自分の心を今も鮮明に覚えている。脳性マヒで歩けない障害を持つ子の親は、「一日一五分でもいい、健常児の中で過ごさせてやりたい」と地元の保育園・幼稚園を回ったが、どこも受け入れてくれなくて二市隣より新田保育園を訪ねてきた。落合先生は、やはり事もなげに「ハイハイいいですよ。連れてきなさい」と言った。その親は「でも先生、うちの子は……」と我が子の障害の重さ大変さを何度も言ったという。信じられなかったそうだ。障害児を抱え途方にくれている親にこれほどまでに安心感を与え希望を抱かせることができる――落合先生のすごいところだと思う。出会えてよかった！　と心から感謝している。
今、共同作業所運動に関わる中、たくさんの悩みを抱える親たちにあの時の落合先生のように接することができたら……少しでも近づけたらと（人間の出来の違いを棚に上げ）思っている私です。障害児保育のいい伝統がずっと続きますように！

心を合わせて

平成一一年度保護者会長　**水田　史子**

創立五〇年。短い言葉ではありますが、園長先生の人間像、また、園の様々なところに飾られた写真などから五〇年という歴史と、その重みを感じます。新田の保育の一つ一つは、まさにその歴史を感じさせられるものであります。最近は、冷やかなニュースが多く、時代の変化は子どもたちにとって住みにくい社会へと変わりつつあるのかも知れません。そんな時代だからこそ、昔を大切に自然の中で生活することが必要だと感じています。子どもたちを取り巻く様々な環境（人間も自然も）が心を合わせて子育てすべきだと思います。今後の新田保育園の益々のご発展を心よりお祈りいたします。

たくさんの「愛」をありがとう

平成一〇年度保護者会会長　**西山　やえみ**

新田保育園創立五〇周年おめでとうございます。六年前長男が入園して以来今日まで、保育園に通い続けている私です。長男と共に入園式を迎えた日、園長先生のお話の中に、互いに思い思われ、助け助けられ、支え支えられ、という言葉がありました。その言葉がとても印象深く心に残っています。それが、新田保育園と私の出会いのような気がします。三人の息子たちがお世話になり、今年三月に三男が卒園します。もうあと残り僅かとなった今、色々なことが頭の中をかけめぐり、少々感傷的になっている私です。

我が息子三人の「とび箱」でのエピソードを紹介したいと思います。年長児は運動会でとび箱五段を跳ぶという種目があります。長男は石橋をたたいて渡るという慎重な性格で、なかなか跳べない中の一人でした。「今日、跳べた」とうれしそうに帰ってきた彼が、「先生が、跳べると思って跳ばなあかんよ」って言ったから、跳べる跳べると思ってやったら跳べたとのこと。先生の一言が、彼に勇気を与え、大きな自信となった。小学四年生になっている彼には、今でもその言葉が心に残っている。

二男はとても照れ屋で恥ずかしがり屋なのだが、心の内は負けず嫌いなところがある。彼は夏休み後半に入院し、二学期が始まってもしばらく休んでいた。友だちはどんどんと練習を重ね、とび箱を跳んでいる。彼は、跳べるかな？　と少々心配顔だったらしい。先生はあえて「跳べるよ（君なら軽く跳べるよ）」と気持ちを後押ししてくれたところ、何と一回でオレは跳んだ！　と得意気な顔をして帰ってきた。長男と二男の性格を知っての上での先生方の対応の仕方に、ただ感謝の気持ちでいっぱいだ。一人一人の子どもにこまやかな心配りがある。

三男は我が家の暴れん坊将軍といったところ。彼には随分と手を焼いたものです。入園当初は友だちとうまく関われず、とにかく口より手が出てしまい、友だちも随分と泣かしたようだ。その彼が今では随分と成長したように思う。普通ならば、「悪い子」というレッテルを貼られると、そのイメージでずっと見られがちなのだが、彼のいいところはいいと誉めてもらい、友だちにも認めてもらい、それが自信となり変わっていけたのであろう。彼は、運動会の練習となるとやる気満々。とび箱もカルイカルイといった調子でした。ある日、「今日、Y君すごかったんよ。左手がちょっと使いにくいのに、とび箱跳べたんよ。Y君、すごかろ」と自分の事のように自慢気に話をしている。きっと園では先生はじめ、友だちみんなですごいすごいと大感激したことだろうと想像できた。友を認め、友と共に喜びを分かち合えるステキな子になったたな……と。

また、K君という障害を持った友だちとであって、随分とやさしくなったように思う。「K君、オレがこうしたら笑うんよ」と、その仕草を見せてくれたりしたものです。先生が言った。「手はたたくだけの手だけでなく、人に差し伸べる手もある」と……本当に嬉しかった。あのやんちゃ坊主が……と。

ここに、統合教育の素晴らしさがあるのではないかと思う。
三人の子どもを通して、私も共に成長してきたことと思う。園長先生はじめ先生方には、たくさんの「愛」をありがとうございました。これからも新田らしさを守り、育んでいただきたく心から願っています。

あとがき

人が何かを生みだそうとするとき、実に多くの方々のお世話になる。相手も忙しく大変なのに、私の回りの方々は、そんな思いなどおくびにもださず、何事もないかのごとく返事してくださって、実行に参加くださる。今回この写真集をつくるにあたってもそうで、「ありがたい」というのか、少しは申し訳ない気持ちも働いて、ペンを運んでいる。

新田保育園の歴史を振り返るとき、近辺の園とは少し違うように思われる。親たちの願いでつくられた園に、年若かった私たちは職員として働かせてもらったにすぎない、との思いもある。それが、のめり込むというのか、「保育一筋」等といえばかっこいいけれど、五〇年をすごしてしまった。思えば実に多くの方々に支え続けられてきたことに一杯の感謝を表わしたい思いです。

新田が産みされた頃、付近の園は東平、鹿森、立川、角野とあったが、時代の移りと共にみんなの思いの中に消え去り、また、公立移転等歴史の歩みの遍歴をみた。何かしら新田だけが、その精神を受け継いで今日にあるように思われる。現保育者たちも「新田の保育の精神」をさぐり追い求めており、次の世代へも引き継ぎたい思いである。

園の歴史が三七年を経たとき、大嵐に見舞われた。別子銅山の閉山等もあり、園舎のあった鉱山社宅を撤去することとなり、新田保育所も立ち退きを迫られた。いっとき途方にくれたが、幼な児たちの元気な姿が回りの空気を揺さぶり、その勢いが障害児保育に一歩を踏み出させ、大人たちを巻き込み、数々の力に支えられて一九八五年、移転・新園舎の実現となっていった。
新園舎開設から一〇年を迎えたとき、地域へ感謝の意味も込めて声楽家久米敏子さんの協力を得てチャリティーコンサートを開き、美しき日本の歌を響かせた。その時から五〇周年記念は静かにと考えていた。
新田の子どもたちを写し続けてくださった高岡将盛氏が、いつぞやから「新田の写真集を！」と呼びかけてくださったが、園長の腰は重かった。が、やっとやっと五〇周年記念写真集をと言いだしてはや三年にもなる。カメラの珍しい時代から写し続けてくださった写真の数々を、ひとなる書房名古屋研一さんに送り付け、名古屋さんのご配慮で子どもと保育の写真では定評のある、写真家川内松男氏が編集の労をとってくださり、膨大な写真の中から、新田の保育が浮び上がるような構成をしてくださった。
写してくださった写真家は、寺尾国義氏、高岡将盛氏、大広貞夫氏（卒園生）、中西勇氏、鴻上貢氏等である。そして、保育者の日頃の傑作も多く混じっている。
新居浜市保育会会長西原主計氏、全国保育問題研究会会長合田千里氏にはお祝のお言葉もいただき、感謝にたえない。また、新田の保育に、いつもいつも新しい考え方を示唆していただき、行き止まったときは未来を見つめる灯りを、一緒に考えてくださり、勇気付けてくださり、おじけずに一歩踏み出せる支持を与え続けてくださった研究者の方々。ほとんどの方々は私よりお若い方々なのに、園長も職員もいつも甘えっぱなしでした。お年の順から、仏教大学の田川浩三氏、愛媛大学の金沢彰氏、渡辺弘純氏、山本万喜雄氏、金沢大学へ移られた大井学氏には大変お世話になっており、記してお礼申し上げたい。

全国保育問題研究集会等でお世話になる数々の研究者の方々、実践者の仲間たち、今まで園を運営上で支えてくださった設置者の方々、現在は設置者では四代目、園長は三代目、主任保育士は七代目、共に保育を織りなしてきたたくさんの保育者たち、現在は二一名が園の歴史の中に身を置いている。数々の五〇年を紡ぎ続けてきた元気あふれる保護者の方々。そしてあふれるエネルギーで育ち続けた子どもたちに、今は、感謝×一億倍ぐらいの気持ちで一杯である。

二〇〇〇年三月二五日

おちあい　みさお

※本書は、前半と後半、旧園舎時代と新園舎時代に大きく二つに分けて構成してありますが、後半部分に旧園舎時代の写真がいくつか入っていることをおことわりしておきます。

〈新田保育園略年表〉

一九四九年11月３日　新田保育所開設。住友鉱山社宅の一角に年長二クラス、年中１クラスの計九〇名で出発。
設置母体：新田部落教育振興会
一九五〇年７月25日　認可。「愛媛県指令児６０１号」
一九七〇年３月14日　規模構造を変更して、乳児保育を始める。
一九七三年９月１日　新居浜市の指定を受け、障害児保育を始める。
一九八三年６月13日　新田保育所に対し、鉱山から立ち退き通告。
同年　７月11日　新田保育所の存続を願う会発足。
同年　８月30日　市長に書名簿提出（二七、七五五名）。
同年　11月10日　三者会談（園、鉱山、市）などを経て、市長立合いのもと住友鉱山と覚書調印する。
代替地を購入し、移転に決定。
一九八五年４月25日　社会福祉法人角野新田福祉会として厚生省認可。
同年　12月10日　新園舎建設完了。
同年　12月22日　新園舎のこけら落とし。生活発表会にて祝う。同日から一週間移転引っ越し。
一九八六年１月１日　社会福祉法人角野新田福祉会新田保育園として認可を受け、現在に至る。
〔定員〕九〇名（幼児七〇名、乳児二〇名）
〔職員〕園長一、主任二、保育者数名（その年による）
障害児加配数名（その年による）、調理員二名

写真を提供していただいた方々（五十音順）

大広　貞夫

1944年　新居浜市に生まれる
1982年　故寺尾国義先生の門下生になり、写真を始める
1984年　カメラ毎日年度賞受賞
各地フォトコンテスト入選３２回

鴻上　貢

1939年生まれ
日本リアリズム写真集団会員

高岡　盛将

1928年生まれ
1952年　同僚の勧めで写真に取り組みはじめる
1962年　星影会に入会し、現在に至る
県展、市展に出展し入賞する
キャノンクラブ、朝日新聞写真クラブ、毎日新聞写真クラブ会員

寺尾　国義

1928年　喜多郡内子町に生まれる
1946年　住友化学工業㈱新居浜製造所入社
1953年　アマチュアカメラマンとして写真活動を始める
1958年
　〜　　この間、国内での写真コンクールに入選・入賞を重ねる
1981年
1982年　カメラ毎日年度賞受賞　二科展入選、以降四回連続入選

1983年　住友化学工業㈱新居浜製造所退社
寺尾国義フォトスタジオ設立
東京新宿ニコンサロン　四国山村風土記個展
1984年　ミノルタ写真大賞　ノミネート作品賞受賞
ＮＨＫテレビ「レンズのむこうの村」３０分放映
1985年　ＪＳＰ展　銅賞受賞　以降連続入選
1986年　全国ベテラン作家選抜１０人展（銀座コダックフォトサロン）
1987年　写真集「法楽寺の四季」出版
1988年　日本写真家協会会員となる
1990年　ＮＨＫテレビ「いろり端のポートレート」３０分放映
1991年　日本写真芸術学会会員となる
1992年　1.25～2.5　新居浜市立郷土美術館特別展
「“四国山村風土記”写真家寺尾国義」
1992年　３月９日没（６３歳）
日本写真家協会会員　日本写真芸術学会会員　写団ローカル会長

中西　勇

1921年生まれ
小学生の頃よりカメラに触れる　定年後本格的に始める
1993年　松山市教育長賞（成人の日撮影会、全日本写真連盟・朝日新聞社）
1997年　よみうり写真大賞　努力賞（読売新聞社）
1999年　第３回キャノン愛情フォトコンテスト　優秀賞（キャノン販売）

社会福祉法人・角野新田福祉会
新 田 保 育 園

住所　〒792-0844
愛媛県新居浜市角野新田町３－１２－５１
電話　0897（41）5401（ＦＡＸ兼）
園長　落合　操

デザイン●川内松男

夢の砦Part 2　仲間たちのシンフォニー

2000年4月10日　初版発行

著　者　新田保育園
発行者　名古屋研一

発行所　㈱ひとなる書房
東京都文京区本郷２－17－13
電　話03(3811)1372
ＦＡＸ03(3811)1383
hitonaru@alles.or.jp

印刷／シナノ印刷株式会社